D1726285

Ursula Kohaupt

Kopf hoch –
alles wird gut

Du sitzt gerade mitten
in einem **kleinen Tief?**

Vergiss nicht:

das nächste Hoch

wartet schon auf dich!

Ich wünsche dir die Kraft, den Stier
bei den Hörnern zu packen,...

um das, was dich belastet,
aus der Welt zu schaffen.

Ich wünsche dir Geduld!

Denn selbst wenn dir

gerade dunkle Wolken

den Blick verstellen,...

wird bald auch

für dich die Sonne

wieder scheinen.

Ich wünsche dir die Einsicht, zu erkennen,
wo du nicht weiterkommst...

und den Mut, umzukehren.

Ich wünsche dir,

dass du dein Ziel,

auch wenn es vielleicht

gerade in weiter Ferne scheint,

nicht aus den Augen verlierst...

und dass du

deinen eigenen Weg

findest.

Ich wünsche dir,

dass du aus den Steinen,

die dir **heute noch**

im Weg liegen, ...

mit Zuversicht

an deinen **Träumen** baust.

Denn wer sagt denn,

dass sie Luftschlösser

bleiben müssen?

Ich wünsche dir, dass du nicht mehr
in saure Äpfel beißen musst, ...

sondern stattdessen die Süße
des Lebens genießen kannst.

Ich wünsche dir den Weitblick,

alles einmal aus einer

anderen Perspektive

zu betrachten.

Hat nicht doch alles
einen guten Kern,
der dir nützlich sein kann?

Ich wünsche dir einen
verständnisvollen Gefährten,...

oder zwei oder drei,
die dir die Stange halten, ...

die ein offenes Ohr
für dich haben...

und zu dir halten,
wenn du sie brauchst.

Ich wünsche dir,

dass du trotz allem

immer wieder einen Grund

zum Schmunzeln

findest, ...

denn viele

kleine Freuden

vertreiben deine Sorgen.

Ich wünsche dir Nachsicht mit
dir selbst. Nimm dir Zeit für dich, ...

sei gut zu dir und gönn dir was.

Ich wünsche dir,

dass du dich

nicht

einschüchtern lässt, ...

sondern stolz bist

auf alles, was du bisher

erreicht hast.

Ich wünsche dir, dass du
deinen Optimismus nicht verlierst, ...

denn du weißt ja, wo eine Tür
sich schließt, öffnet sich eine andere.

Ich wünsche dir,

dass das Glück

bald wieder

bei dir

vorbeischaut...

und es sich bei dir

so richtig gemütlich macht.

Kopf hoch!
Alles wird gut!

Momente der Verbundenheit

In dieser Reihe sind bisher erschienen:

Wünsche, die von Herzen kommen
ISBN 978-3-89008-583-8

Glück ist immer ein Geschenk
ISBN 978-3-89008-387-2

Freunde wie du sind selten
ISBN 978-3-89008-902-7

Liebe, die von Herzen kommt
ISBN 978-3-89008-889-1

Kopf hoch – alles wird gut
ISBN 978-3-86713-215-2

Immer eine gute Geschenkidee: www. groh.de

Über die Autorin:

Ursula Kohaupt, in Bayreuth geboren, studierte Kunstgeschichte und war anschließend im Bereich Multimedia tätig. Heute lebt sie am Stadtrand von München und arbeitet als freie Redakteurin und Lektorin.

Bildnachweis:

Titelbild, S. 42: Thorsten Milse
S.3: Jitloac/fotolia
S.5: iStockphoto/Andrew Penner
S.6: CatPaty13/fotolia
S.7: iStockphoto/Clayton Hansen
S.9: Karl Pohl
S.11: Georg Popp
S.12: Lothar Nahler
S.13: iStockphoto/Pamela Moore
S.15: Heinz Ney
S.17: Atlanpic/fotolia
S.19: iStockphoto/Joel Carillet
S.21: FotoMax/fotolia
S.22: iStockphoto/Joe Biafore
S.23: iStockphoto/gaffera
S.25: William L. Hamilton
S.27: Tomasz Wojnarowicz/fotolia
S.28: iStockphoto/Roberto A Sanchez
S.29: iStockphoto/Matej Pribelsky
S.30: iStockphoto/PeterAustin
S.31: iStockphoto/Matjaz Boncina
S.33: emmi/fotolia
S.35: Markus Zweigle
S.36: Thomas Harbig
S.37: zimmytws/fotolia
S.39: meailleluc.com/fotolia
S.41: Rolf Bender
S.43: Meddy Popcorn/fotolia
S.45: iStockphoto/art-siberia
S.47: iStockphoto/yungshu chao

Idee und Konzept:

ISBN 978-3-86713-215-2
© Groh Verlag GmbH, 2009

Ein Lächeln schenken

Geschenke sollen ein Lächeln auf Gesichter zaubern und die Welt für einen Moment zum Stehen bringen. Für diesen Augenblick entwickeln wir mit viel Liebe immer neue GROH-Geschenke, die berühren.

In ihrer großen Themenvielfalt und der besonderen Verbindung von Sprache und Bild bewahren sie etwas sehr Persönliches.

Den Menschen Freude zu bereiten und ein Lächeln zu schenken, das ist unser Ziel seit 1928.

Ihr

Joachim Groh